Alma Florescida

Poemas de Amor Total

~ por Doobie

Traduzido por Janaina de Oliveira Ribeiro

Dedicação

Agradecidamente dedicado à minha querida esposa Vicky, minha inspiração e meu amor verdadeiro.

E a todo o mundo que já buscou,

Por paz interior em tempos de tristeza,

Pelo êxtase gratificante e a fé emergente,

Por novas esperanças em momentos difíceis,

Para suavizar sua alma, para as estações de declínio,

Para iluminar o amor místico, para despertar o seu chamado.

~ por Doobie

Conteúdo

- *Desvelado*
- *Destemido*
- *Florescida*
- *Herói*
- *Navegue*
- *Divino*
- *Perdoe*
- *Alma*
- *Criança*
- *Mudança*
- *Amada*
- *Despreocupado*
- *Anjo*
- *Benção*
- *Queda*
- *Êxtase*
- *Humilde*
- *Reverência*
- *Exale*
- *Orações*
- *Paz*
- *Jornada*
- *Destinado*
- *Oceano*
- *Namaste*
- *Fantasia*
- *Ilimitado*
- *Paixão*
- *Esperanças*
- *Arco-íris*
- *Perfeição*
- *Desafio*
- *Pintura*
- *Graça*

Alma Florescida Poemas de Amor Total

~ por Doobie

Copyright © 2015 Doobie Shemer

Todos os direitos reservados

ISBN-10: 0-9913494-0-7

ISBN-13: 978-0-9913494-0-1

Desvelado

Alma para Alma, tudo revele,

Evolua, não se esconda, siga o seu chamado,

Oh, poder divino não deixe-me cair.

Sem máscaras, nossos espíritos revelam-se,

Alma abraça Alma, admire-se.

Destemido

Liberte-me, oh, Alma celestial,

Deixe-me ser, eu posso cair,

De asas quebradas, tropeço, rastejo,

Raios combatem sombras escuras, renda-se inimigo cruel,

Destemido, sem tristezas, sigo meu chamado.

Florescida

Sua Alma florescida eternamente cresce,

Seus caminhos manifestam-se, a muitos esclarece,

Resiliente, se esforça contra a corrente enquanto livre permanece,

Humildemente, ilumina e inspira a todos,

Oh, espírito sagrado, proteja suas maneiras, pois ela é nossa força, nossa única esperança.

Herói

Céu escuro, o coração perturbado envolvido em nuvens,

Ondas de safira, a mente desprotegida aprisionada na armadilha dos sons,

Oh, homem Sagrado, esclareça-me, orienta-me em direção ao meu chamado,

De olhos fechados , abraça meu coração, ilumina minha Alma,

Quem é o herói que permanecerá equilibrado?

Navegue

Abaixe suas mãos, aceitação na quietude,

Abrace a fé, abençoado em paz,

Nenhuma Alma é deixada só, um novo amanhecer,

Navegue no rio da luz, oh , gracioso,

Sem mais dúvidas, seu filho devotado...

Divino

Suave como os tons delicados de uma flauta,

Penetrando cada célula, pavimentando cada rota,

A paz é seu único caminho,

Saboreie o amor Divino como uma fruta doce,

Revele, partilhe, reze, e floresça

Perdoe

De tudo o que era para ser dado ou recebido,

De tudo o que foi feito com abuso,

Nada resta, nada a ser orquestrado,

Acolha em sua Alma e perdoe,

Pois apenas o Amor subsistirá,

Pois apenas o Amor vencerá,

Alma

Folhas despencando protegem minhas lágrimas,

Coração entorpecido, o amor se foi,

Nuvens em movimento eclipsam meus medos,

A Alma desnuda submeteu-se a tudo,

Oh, Grande Espírito conduza-me ao amanhecer do despertar.

.

Criança

Oh, nobre, apenas quero ser eu,

Oh, Grande Espírito, apenas quero ser livre,

Solte tudo, nada procure,

Seja grato... apenas seja,

Siga sua Alma, aceite seu destino,

Viva! Você é uma criança da eternidade.

Mudança

Estamos perdidos, deslocados, visão ilusória,

A natureza comovente, envolvida em beleza e glória,

Olhos fechados, respiração profunda... exale,

A mudança veio num abraço delicioso,

Somos um, a natureza - Mãe Terra.

.

Amada

E agora que somos um,

Deixamos tudo o que passou,

O Amor Inabalável envolve nossas Almas até o tempo final,

Oh, meu anjo, minha amada, coloque a sua mão na minha,

Agora que somos um, navegamos para o eterno sol.

Despreocupado

Sua Alma suavemente elevou-se sobre um som encantador,

Trilhando seu destino, ela desliza por rios de nuvens,

Está escrito; está destinado, poderia ser desfeito?

Coração despreocupado, ela marcha, abandonando todas as dúvidas,

O chamado interior, seu único guia,

Acorda a Alma no momento do amanhecer..

Anjo

Bata as suas asas sobre minha sombra,
Toque minha alma, abençoe-me, eu seguirei,
Oh, anjo da misericórdia, anjo do desespero,
Guie-me para fora do vale de tristeza,
Conduza-me à terra do amanhã.

Abençoe

Orações ascendentes penetraram o amanhecer nebuloso,
Lágrimas silenciosas acolhidas, uma Alma nasce,
Criança acariciada na pálida luz do despertar,
Abençoe o seu caminho, aprecie a sua alma, oh, Poderoso,
Mãos alcançadas, anjos sorriram, o Amor venceu
..

Queda

Quando nosso Ego nos deixa acreditar,

Que tudo sabemos, que nada resta a realizar,

Nossa vida parece em ordem, ilusoriamente centrados em nós mesmos.

Então, chega a hora se voltar para a Alma,

Hora de dar um passo à frente, de tudo expressarmos,

Pois essa é a virada que determina,

Caímos ou permanecemos.

Êxtase

Humilde, embora destemido, eu ando só,
Não obedeço nenhum mestre, não sigo nenhum Don,
Oh, raio celestial guie-me para casa!
Onde abrigos de bem-aventurança protegem nossas Almas,
Onde somos Um, unidos por véus místicos.

Humilde

Frequentemente ela oscila confusa, em descrença dolorosa,

"Por que?" Ela pergunta, atormentada na tristeza,

Saberia ela algum dia?

Compreenderia ela algum dia?

Humilde, de olhos fechados,

Ela reza e estende suas mãos.

Reverência

Ela combate a escuridão cruel, triunfa sobre Almas perversas,

Derrota dragões, fura as asas de inimigos poderosos,

Espíritos divinos protegem-na enquanto ela flui sobre tempestades celestiais,

Seu coração aninha-se na misericórdia, esperança em sua espada descoberta,

Humilde, rendo-me, sigo e obedeço seu chamado.

Exale

Jornadas de Alma perdida, mistérios revelados,

Estradas sinuosas congeladas, percursos que já estão predestinados,

Respire, luz mística acordando o chamado interior,

Exale, o céu é seu conforto e frescor,

A Via Láctea ilumina seus passos... ela parte.

Orações

Silêncio, a dor aterrissou, chore chão sagrado,

Uma brisa de mágoa soprou,

Memórias assombraram e partiram,

A alma busca um par, nada encontra,

Oh, espírito celestial, não deixe a esperança ser derrotada,

Carregue minhas orações, pois estou distante de minha amada.

Paz

a multidão berra, venerando o herói,

cima de todos, ela permanece ereta,

eu olhar contemplativo penetrando almas perdidas,

a multidão se curva, obedece o ídolo,

eja, ela levanta, sua voz cai estrondosamente,

a multidão lamenta-se, espadas e flechas,

–Paz!Seu coração sangrando derrama tristeza escondida

Jornada

Uma Alma solitária busca seu chamado,

A luz brilha sobre sua jornada de vida em crescimento,

"Ajudantes" enganosos, oh sim, eles têm todo o conhecimento,

Nunca ela irá agradá-los, nem cumprir aspirações conversadas.

Pois essa é a sua jornada, somente ela conhece a estrada.

.

Destinado

Carregue-me para a minha meta divina,

Guie-me a uma margem segura,

Abençoe meu caminho em meio a pétalas de rosa,

Liberte a minha mente, destrave a porta,

Pois eu sou uma Alma flutuante, destinado aonde o vento sopra.

Oceano

Cicatrizes profundamente enraizadas, carne e ossos expostos,

Coração ferido, triste e agoniada,

Momentos encantadores de alegria e êxtase ela compartilhou,

Momentos gloriosos de alegria, foi abençoada.

Ela navega num oceano de amor, estima e delicadeza.

Namaste

Êxtase, em suas veias corre a eternidade,

Ouse ela compartilhá-la com amantes e rivais,

O coração humano é um mistério não resolvido,

A arte da natureza é seu mundo interior,

Alma gentil, suas asas frágeis sopram,

—Namaste.. Ela sussurra, enquanto seu coração brilha com humildade.

Fantasia

Lições agonizantes ainda a serem aprendidas,

Confusa, ela pergunta-se, tudo isso acabará um dia?

Alma frágil, cativada num mundo de fantasia,

O isolamento necessário delimitado, ela estende a mão vazia,

À medida que rende sua jornada esperançosa à Terra Prometida.

Ilimitado

A harmonia minha aspiração, serenidade minha paixão,

Sons divinos da natureza, rendo-me, impressionado,

Revelam minha luz interna, brilham com glorioso prazer,

Amor ilimitado no meu coração, submeto-me ao desconhecido,

Pois eu conheço minha amada, não estou perdido.

Paixão

Solitária ela passeia, o vazio inóspito abandonou,

Graciosamente luta, redefine regras de longa data,

Elegantemente corre, desejos inevitáveis liberados,

Cautelosamente protege-se, encontra o não delimitado,

Heroicamente ela segue um caminho de paixão,

Imensamente, na calma ela se manifesta.

Esperanças

Quando nada parece estar melhor,

Quando você está para baixo, as noites ficando mais frias,

Agarre-se a seus sonhos, transcendendo corações e Almas,

Esperanças intermináveis fluem onde cai o rio selvagem,

A primavera eterna encobre tudo e abraça nosso ser completo.

Arco-Íris

Esteja em paz Alma divina,

Luz brilhante circundada, enquanto a noite cai,

Sem palavras suas orações ecoam em salas solitárias,

As marés trazem escuridão enquanto o anjo chama,

Arco-íris distante desperta esperanças e sonhos.

Perfeição

Afogada em tristeza profunda, banhada em mar de desespero,

Luta para confiar em sua fé, aceita sua perda,

Luta para viver sua vida, nutre sua esperança,

Espírito sagrado, pegue sua mão,

Guie-a a uma margem segura,

Pois sua Alma conhece tudo, sua perfeição, seu chamado.

.

Ouse

Quando sua dor é dura demais de suportar,

O coração partido, parece que ninguém se importa,

Momentos preciosos envolvidos em orações,

Agarre-se ao Uno, e partilhe,

Sorriso florescido esforça-se para viver e ousar.

Pintura

Sua risada lentamente morreu, escuridão profunda cobriu a parede,

Os desejos diminuíram, enterrados sob cinzas pretas como carvão,

Jornada mística carrega-a em direção a sua meta,

A natureza guia-a pela luz a perfeição,

Alma gêmea querida revela a pintura de sua alma.

Graça

Escuridão - sua Alma é ofuscada sob o espaço brumal,

A tristeza ardente atravessa suas veias como lança, sem deixar sinal,

Surge o amanhecer, o primeiro raio de sol ilumina seu rosto delicado,

Com fé ela ora, esperanças fluem no lugar sagrado,

Leveza - sua devoção brilha, inspirada pela graça celestial.

Obrigado pela leitura!

Caro Leitor,

Eu espero que você tenha gostado de ler **Alma Florescida: Poemas de Amor Total**

Como autor, eu amo opiniões. Por favor, conte-me o que você gostou , o que você amou, mesmo aquilo que você não gostou. Eu adoraria ouvir a sua opinião em: doobie.shemer@gmail.come ou me visite na web em: http://www.doobieshemer.com.

Por fim, eu gostaria de pedi-lo um favor. Como você deve saber, avaliações de livros podem ser algo difícil de se conseguir nesses dias. Você, o leitor, tem o poder de ajudar outros a descobrirem este livro.

Se você tem o tempo, por favor compartilhe sua avaliação usando este link
http://www.amazon.com/dp/B00I5VUPTW

Agradecidamente,

Doobie Shemer

Conecte-se com Doobie:

www.sproutedsoul.net

www.facebook.com/SproutedSoul

Twitter : @Doobie_Shemer

Kindle : www.amazon.com/dp/B00I5VUPTW

Alma Florescida Poemas de Amor Total

~ por Doobie

Traduzido por Janaina de Oliveira Ribeiro

Copyright © 2015 Doobie Shemer

Todos os direitos reservados

ISBN-10: 0-9913494-0-7

ISBN-13: 978-0-9913494-0-1

www.ingramcontent.com/pod-product-compliance
Lightning Source LLC
Chambersburg PA
CBHW042100290426
44113CB00005B/110